Emergency French

Christine Arthur

Series Editor: Jane Wightwick
Art Director: Mark Wightwick

g-and-w
www.g-and-w.co.uk

Emergency

CONTENTS

	Down to basics	4
	A place to stay	10
	Excuse me, we're lost!	18
	I need a doctor!	26
	There's been an accident!	34

Emergency

French

CONTENTS

 Money talk 42

 I'm allergic to seafood! 50

 Stop, thief! 58

 Keeping out of trouble 66

 Quick reference 74

French

Down to

⚡TAKE NOTE⚡

Traveling to a country where the language and culture are unfamiliar is exciting but can also be challenging. Often a smile and good manners will carry you a long way, and it helps to learn how to say at least "please" and "thank you."

When things are going smoothly on your trip you'll probably not notice the communication difficulties that can arise from a language barrier. Many people speak some English and will be happy to practice on you. But in more stressful situations, especially in remoter areas, you cannot always rely on English to make yourself understood or to get you out of a jam.

Emergency French is designed for these situations. Carry it with you and use it to explain your situation clearly and to make polite requests. There's a pronunciation guide to help you say the words and phrases, or you can show the book to French-speakers so that they can read it in their own language. There are even special "Point here" panels designed for them to point out an answer to your question.

So put **Emergency French** in your pocket and travel light with confidence!

basics

KEY WORDS

yes	**oui**	◆ *wee*
no	**non**	◆ *noh*
please	**s'il vous plaît (SVP)**	◆ *seel voo pleh*
thank you	**merci**	◆ *mehrsee*
hello	**bonjour**	◆ *bonzhoor*
goodbye	**au revoir**	◆ *oh ruhvwar*
where?	**où?**	◆ *oo*
here	**ici**	◆ *eesee*
when?	**quand?**	◆ *kon*
now	**maintenant**	◆ *mantenon*
tomorrow	**demain**	◆ *duhman*
how much?	**combien?**	◆ *conbyan*
I don't understand	**Je ne comprends pas**	◆ *zhuh nuh conpron pa*

basics

Down to

⚡TAKE NOTE⚡

When you meet someone for the first time, it's polite to shake hands. People also shake hands to say goodbye. When you know someone better, you can kiss each other once on both cheeks.

My name's…	Je m'appelle… ◆ *zhuh mappell*
What's your name?	Comment vous appelez-vous? ◆ *kommon voo zaplay voo?*
Pleased to meet you	Enchanté(e) ◆ *onshontay*
Where are you from?	D'où venez-vous? ◆ *doo vunay voo?*
I'm American	Je suis américain(e) ◆ *zhuh swee zamayreekan* (fem: *zamayreekenn*)
I'm English	Je suis anglais(e) ◆ *zhuh swee zonglay* (fem: *zonglez*)

Down to

basics

I'm Canadian	**Je suis canadien(ne)** ◆ *zhuh swee kanadyan* (fem: *kanadyenn*)
I'm Irish	**Je suis irlandais(e)** ◆ *zhuh swee zeerlonday* (fem: *zeerlondez*)
I'm Scottish	**Je suis écossais(e)** ◆ *zhuh swee zaycossay* (fem: *zaycossez*)
I'm Australian	**Je suis australien(ne)** ◆ *zhuh swee ostralyan* (fem: *ostralyenn*)

please point here … montrez-moi ici SVP …

Je m'appelle…	My name's…
Je suis français(e)	I'm French
Je suis canadien(ne)	I'm Canadian
Je suis belge	I'm Belgian
Je suis suisse	I'm Swiss

basics

Down to

my husband	**mon mari** ◆ *moh maree*
my wife	**ma femme** ◆ *ma famm*
my son	**mon fils** ◆ *moh feess*
my daughter	**ma fille** ◆ *ma feey*
my mother	**ma mère** ◆ *ma mair*
my father	**mon père** ◆ *moh pair*
my sister	**ma sœur** ◆ *ma sur*
my brother	**mon frère** ◆ *moh frair*
my step-father/ father-in-law	**mon beau-père** ◆ *moh bohpair*
my step-mother/ mother-in-law	**ma belle-mère** ◆ *ma bellmair*
my step-daughter/ daughter-in-law	**ma belle-fille** ◆ *ma bellfeey*
my step-son/ son-in-law	**mon beau-fils** ◆ *moh bohfeess*

Down to

basics

This is my partner	**C'est mon/ma partenaire** ◆ *Say moh/ma partunair*
I have two daughters	**J'ai deux filles** ◆ *zhay duh feey*
I have three sons	**J'ai trois fils** ◆ *zhay trwa feess*
My mother is here with us	**Ma mère est ici avec nous** ◆ *ma mair ayteessee avek noo*

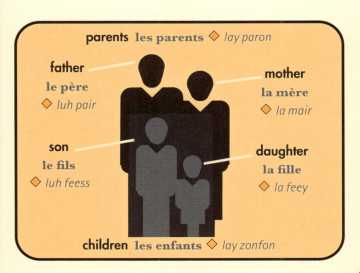

parents les parents ◆ *lay paron*
father le père ◆ *luh pair*
mother la mère ◆ *la mair*
son le fils ◆ *luh feess*
daughter la fille ◆ *la feey*
children les enfants ◆ *lay zonfon*

basics

A place

KEY WORDS

bathroom	la salle de bains	◆ *la sall duh ban*
bedroom	la chambre	◆ *la shonbr*
hot water	l'eau chaude	◆ *lo shoad*
toilet	les W-C	◆ *lay vayssay*
sink	le lavabo	◆ *luh lavabo*
faucet (tap)	le robinet	◆ *luh robeenay*
drain	le tuyau	◆ *luh tweeyo*
shower	la douche	◆ *la doosh*
bathtub	la baignoire	◆ *la benywar*
soap	le savon	◆ *luh savon*
towel	la serviette	◆ *la serrvyett*
key	la clé	◆ *la clay*
lock	la serrure	◆ *la sayrew*
door	la porte	◆ *la port*

A place

to stay

chair	**la chaise**	◆ *la shehz*
table	**la table**	◆ *la tabl*
television	**la télévision** ◆ *la taylayveezion*	
light	**la lumière**	◆ *la lewmiyair*
curtain	**le rideau**	◆ *luh reedo*
bed	**le lit**	◆ *luh lee*
blanket	**la couverture** ◆ *la cooverrtoor*	
pillow	**l'oreiller**	◆ *lorayyay*
heater	**le radiateur** ◆ *luh radyatur*	
air-conditioning	**la climatisation** ◆ *la cleemateezassion*	
crib (cot)	**le lit d'enfant** ◆ *luh lee donfon*	
highchair	**la chaise haute** ◆ *la shehz oat*	

to stay

A place

An extra blanket, please
Une couverture supplémentaire, SVP ◆ *oon cooverrtewr sew-playmontair, seel voo pleh*

May we have a crib (cot)?
Pouvons-nous avoir un lit d'enfant? ◆ *poovon noo zavwar uh lee donfon*

The air-conditioning doesn't work
La climatisation ne marche pas ◆ *la cleema-teezassion nuh marsh pa*

Please repair the toilet
Pouvez-vous réparer les toilettes? ◆ *poovay voo rayparay lay tvwalett*

There's no hot water
Il n'y a pas d'eau chaude ◆ *eelneeya pa doh shohd*

It's too hot/cold
Elle est trop chaude/froide ◆ *el ay tro shohd/frwad*

The light is broken
La lumière ne marche pas ◆ *la lewmyair nuh marsh pa*

A place

to stay

The window is jammed
La fenêtre est coincée
◆ *la funetr ay kwonsay*

I've lost my key
J'ai perdu ma clé
◆ *jay pairdoo ma clay*

I can't open the door
Je ne peux pas ouvrir la porte ◆ *zhuh nuh puh pa oovreer la port*

---

please point here … montrez-moi ici SVP …

Nous allons le/la réparer tout de suite	We'll repair it right away
Je vais venir vous aider	I'll come and help you
Nous allons vous l'apporter	We'll bring it to your room
Demandez au concierge, SVP	Please ask the concierge
Demandez à la réception, SVP	Please ask reception

---

to stay

A place

RENTING

kitchen	la cuisine	◆ *la kweezeen*
living room	le salon	◆ *luh salon*
dining room	la salle à manger	◆ *la salamonzhay*
garbage	les ordures	◆ *lay zordewr*
electric meter	le compteur électrique	◆ *luh konterr elektreek*
deposit	les arrhes	◆ *lay zar*
inventory	l'inventaire	◆ *lanvontair*
Where do we pick up the keys?	Où prenons-nous les clés?	◆ *oo prunon noo lay clay*

⚡TAKE NOTE⚡

Rentals are easy to find in seaside and winter resorts, although prices soar during the peak season. There are also many economical mobile homes to rent in campsites.

A place

to stay

Where do we put the garbage?	**Où doit-on mettre les ordures?** ◆ *oo dwaton metr lay zordewr*
Are there any sheets/towels?	**Est-ce qu'il y a des draps/des serviettes?** ◆ *eskeelya day drah/day servyett*
How much is the deposit?	**À combien s'élèvent les arrhes?** ◆ *akonbian saylehv lay zahr*
Do we pay for cleaning?	**Faut-il payer le nettoyage?** ◆ *foateel peyay luh netwayazh*

---

please point here ... montrez-moi ici SVP ...

Allez chercher les clés à cette adresse	Pick up the keys at this address
Nous vous retrouverons là-bas	We'll meet you there
Il y a un supplément à payer pour ceci	You have to pay extra for that

to stay

A place

PAYMENT

I need an invoice	Il me faut une facture ◆ *eel muh foh ewn factewr*
The invoice has a mistake	Il y a une erreur sur la facture ◆ *eelya oon ehrerr sewr la factewr*
We didn't have this	Nous n'avons pas consommé ceci ◆ *noo navon pa consoamay suhsee*
We only had one/two of these	Nous en avons seulement pris un(e)/deux ◆ *noozon navon suhlemon pree uh/duh*
We didn't use the telephone	Nous ne nous sommes pas servis du téléphone ◆ *noonuhnoo som pa servee dew telefon*
We didn't break that	Nous n'avons pas cassé ceci ◆ *noo navon pa cassay suhsee*

A place

to stay

We already paid for that	**Nous avons déjà payé pour ça** ◆ *noo zavon dayzhah peyay poor sa*
The manager, please	**Le directeur, SVP** ◆ *luh deerekterr, seel voo pleh*
The total should be...	**Le total devrait être...** ◆ *luh total duvray etr*

➡ *Page 74 for numbers*

please point here ... montrez-moi ici SVP ...

Je vais demander	Let me ask
Nous allons corriger cela	We'll correct that
La facture est correcte	The invoice is correct
Nous avons déduit ça des arrhes	We deducted that from the deposit
Je vais appeler le directeur	I'll call the manager

to stay

Excuse me,

KEY WORDS

map	**la carte** ◆ *la cart*
address	**l'adresse** ◆ *ladress*
street	**la rue** ◆ *la rew*
highway	**la route** ◆ *la root*
distance	**la distance** ◆ *la deestons*
meter	**le mètre** ◆ *luh metr*
kilometer	**le kilomètre** ◆ *luh keelometr*
sign	**le panneau** ◆ *luh pano*
direction	**la direction** ◆ *la deereksyon*
right	**à droite** ◆ *adrwat*
left	**à gauche** ◆ *agoash*

Excuse me,

we're lost!

straight on	**tout droit** ◆ *toodrwa*
junction	**le croisement** ◆ *luh crwazmon*
corner	**le coin** ◆ *luh kwan*
traffic light	**les feux** ◆ *lay fuh*
traffic circle (roundabout)	**le rond-point** ◆ *luh ronpwon*
on foot	**à pied** ◆ *apyeh*
by car	**en voiture** ◆ *on vwatewr*
by bus	**en (auto)bus** ◆ *on (oto)bews*
by train	**en train** ◆ *on tran*

we're lost!

Excuse me,

Excuse me!	**Excusez-moi!**
	◆ *exkewzay mwa*
Where's …?	**Où est…?**
	◆ *oo eh*
What street is this?	**C'est quelle rue?**
	◆ *say kel rew*
What building is this?	**C'est quel bâtiment?**
	◆ *say kel bateemon*
Where are we on the map?	**Où sommes nous sur la carte?**
	◆ *oo somnoo sewr la cart*
Can you show me the way?	**Pouvez-vous m'indiquer le chemin?**
	◆ *poovay voo mandeekay luh shuman*
Is it far?	**C'est loin?**
	◆ *say lwan*

Excuse me,

we're lost!

please point here ... montrez-moi ici SVP ...

Je vais vous montrer le chemin	I'll show you the way
C'est près d'ici	It's close
C'est loin	It's far
Prenez le bus	Take a bus
Prenez le métro	Take the subway (underground)
Tournez à droite	Turn right
Tournez à gauche	Turn left
La première/ deuxième/ troisième rue	First/second/ third turn
Tout droit	Straight on
Traversez...	Cross ...
Passez devant...	Go past ...
En face de	Opposite ...

➡ *Page 24 for landmarks*
➡ *Page 24 pour les points de repère*

we're lost!

Excuse me,

I'm a visitor — **Je suis ici en visite** ◆ *zhuh swee zeesee on veezeet*

I didn't know it was one-way — **Je ne savais pas que c'était un sens unique** ◆ *zhuh nuh savay pa kuh saytay ton sons ewneek*

I can't read the sign — **Je ne peux pas lire le panneau** ◆ *zhuh nuh puh pa leer luh pano*

How much is the fine? — **Combien coûte l'amende?** ◆ *konbyan koot lamond*

⚡ TAKE NOTE ⚡

In France you drive on the right, and the right-of-way is also usually for vehicles coming from the right. Respect the speed limits in town or in the country. There are many speed traps and fines can be heavy.

France has an excellent network of fast highways, although the tolls can be high. If you want to avoid paying, stick to the main N-roads (*route nationale*).

Excuse me,

we're lost!

TRAFFIC INSTRUCTIONS

no entry   **sens interdit**
◆ *sons anterdee*

one-way   **sens unique**
◆ *sons ewneek*

stop!   **stop!** ◆ *stop*

slow down!   **ralentissez!**
◆ *ralonteesay*

keep right!   **tenez votre droite!**
◆ *tunay votr drwat*

keep left!   **tenez votre gauche!**
◆ *tunay votr goash*

pedestrians only   **réservé aux piétons**
◆ *rayservay oh piayton*

buses only   **réservé aux bus**
◆ *rayservay oh bews*

bicycle path   **piste cyclable**
◆ *peest seeklabl*

we're lost!

Excuse me,

LANDMARKS

airport	**l'aéroport** ◆ *la-ayropor*
bank	**la banque** ◆ *la bonk*
beach	**la plage** ◆ *la plazh*
bridge	**le pont** ◆ *luh pon*
bus stop	**l'arrêt d'autobus** ◆ *laray dotobews*
campsite	**le camping** ◆ *le conpeeng*
castle	**le château** ◆ *luh shato*
cave	**la grotte** ◆ *la grot*
church	**l'église** ◆ *laygleez*
ferry terminal	**le terminal du ferry** ◆ *luh termeenal dew feree*
forest	**la forêt** ◆ *la foray*
hostel	**l'auberge de jeunesse** ◆ *loberzh duh zhuness*
hotel	**l'hôtel** ◆ *lotell*

Excuse me,

we're lost!

lake	**le lac**	◆ *luh lak*
mountain	**la montagne**	◆ *la montanyuh*
movie theater (cinema)	**le cinéma**	◆ *luh seenaymah*
museum	**le musée**	◆ *luh mewzay*
park	**le parc**	◆ *le park*
parking lot (car park)	**le parking**	◆ *luh parkeeng*
school	**l'école**	◆ *laycol*
square	**la place**	◆ *la plass*
station	**la gare**	◆ *la gar*
tourist information	**l'office du tourisme**	◆ *lofeess dew tooreesmuh*
town hall	**l'hôtel de ville**	◆ *lotell duh veel*
university	**l'université**	◆ *lewneeverseetay*

we're lost!

I need a

KEY WORDS

appointment	**le rendez-vous** ◆ *luh rondayvoo*
doctor	**le médecin** ◆ *luh maydsan*
dentist	**le dentiste** ◆ *luh donteest*
nurse	**l'infirmière** ◆ *lanfeermyair*
ambulance	**l'ambulance** ◆ *lonbewlons*
hospital	**l'hôpital** ◆ *lopeetal*
clinic	**la clinique** ◆ *la cleeneek*
ward	**la salle d'hôpital** ◆ *la sal dopeetal*
stretcher	**le brancard** ◆ *luh brankar*
injury	**la blessure** ◆ *la blaysewr*
illness	**la maladie** ◆ *la maladee*

I need a

doctor!

insurance	l'assurance	*lasewrons*
examination	l'examen	*legzaman*
test	l'analyse	*lanalees*
prescription	l'ordonnance	*lordonons*
pharmacy	la pharmacie	*la farmasee*
medicine	le médicament	*luh maydikamon*
pill	la pilule	*la peelewl*
injection	la piqûre	*la peekewr*
syrup	le sirop	*luh seero*
ointment	la pommade	*la pomad*
suppository	le suppositoire	*luh sewpozeetwar*
painkiller	l'analgésique	*lanalzhayzeek*
sedative	le sédatif	*luh saydateef*

doctor!

I need a

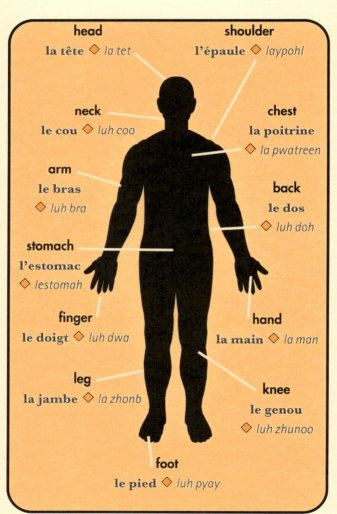

head — la tête ◇ *la tet*
shoulder — l'épaule ◇ *laypohl*
neck — le cou ◇ *luh coo*
chest — la poitrine ◇ *la pwatreen*
arm — le bras ◇ *luh bra*
back — le dos ◇ *luh doh*
stomach — l'estomac ◇ *lestomah*
finger — le doigt ◇ *luh dwa*
hand — la main ◇ *la man*
leg — la jambe ◇ *la zhonb*
knee — le genou ◇ *luh zhunoo*
foot — le pied ◇ *luh pyay*

I need a

doctor!

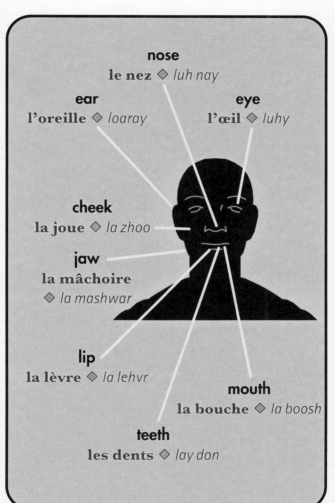

nose
le nez ◇ *luh nay*

ear
l'oreille ◇ *loaray*

eye
l'œil ◇ *luhy*

cheek
la joue ◇ *la zhoo*

jaw
la mâchoire ◇ *la mashwar*

lip
la lèvre ◇ *la lehvr*

mouth
la bouche ◇ *la boosh*

teeth
les dents ◇ *lay don*

doctor!

I need a

It hurts here	**Ça fait mal ici** ◆ *sa fay mal eesee*	
I can't move this	**Je ne peux pas bouger ceci** ◆ *juh nuh puh pa boozhay susee*	
I have a headache	**J'ai mal à la tête** ◆ *zhay mal alah tet*	
I have a stomachache	**J'ai mal à l'estomac** ◆ *zhay mal a lestomah*	
My back hurts	**Mon dos me fait mal** ◆ *mo doh muh fay mal*	
I feel sick	**Je ne me sens pas bien** ◆ *zhuh nuh muh son pa byan*	

I need a

doctor!

montrez-moi ici SVP ... please point here ...

Allongez-vous ici	Lie down here
Ouvrez la bouche	Open your mouth
Respirez profondement	Breathe deeply
Toussez	Cough
Remontez vos manches	Roll up your sleeves
Montez votre chemise	Lift up your shirt

⚡TAKE NOTE⚡

Don't be alarmed if you are given an injection or suppositories in France when you are more used to taking tablets. These can be prescribed for anything from vitamins to painkillers and are a normal method of delivering medicine. Ask the doctor or chemist if there is a tablet alternative if you are unsure.

doctor!

I need a

Is it serious?	**C'est grave?** ◆ *say grav*
Is it infectious?	**C'est contagieux?** ◆ *say contazhyuh*
Can it wait until I get home?	**Est-ce que ça peut attendre mon retour chez moi?** ◆ *esskuh sa puh atondr mon rutoor shay mwa*
Can you give me some painkillers?	**Pouvez-vous me donner des analgésiques?** ◆ *poovay voo muh donay day zanalzhayzeek*
Where's the nearest pharmacy?	**Où est la pharmacie la plus proche?** ◆ *oo ay la farmassee la plew prosh*
I need to contact my insurer	**Je dois contacter ma compagnie d'assurance** ◆ *zhuh dwa contaktay ma conpanyee dassewrons*
I'm not insured	**Je ne suis pas assuré(e)** ◆ *zhuh nuh swee pa zassewray*

I need a

doctor!

montrez-moi ici SVP ... please point here ...

Ce n'est pas grave	It's not serious
Vous avez une insolation	You have sunstroke
Vous avez une infection	You have an infection
Je ne suis pas encore certain	I'm not sure yet
Je dois vous revoir	I need to see you again
Vous devez aller à l'hôpital	You have to go to the hospital
Ne vous exposez pas au soleil	Keep out of the sun
Buvez beaucoup d'eau	Drink plenty of water
Prenez ce médicament	Take this medicine
Êtes-vous allergique à quelque chose?	Are you allergic to anything?

doctor!

There's been

KEY WORDS

car	**la voiture**	◆ *la vwatewr*
motorbike	**la moto**	◆ *la moto*
bicycle	**le vélo**	◆ *luh vaylo*
boat	**le bateau**	◆ *luh bato*
truck (lorry)	**le camion**	◆ *luh camyon*
tractor	**le tracteur**	◆ *luh tractur*
camper van	**le camping-car** ◆ *luh conpeeng car*	
bus	**le bus**	◆ *luh bews*
pedestrian	**le piéton**	◆ *luh pyayton*
child	**l'enfant**	◆ *lonfon*
dog	**le chien**	◆ *luh shyan*
animal	**l'animal**	◆ *laneemal*

There's been

an accident!

tree	**l'arbre** ◆ *larbr*
ditch	**le fossé** ◆ *luh fossay*
flood	**l'inondation** ◆ *leenondasyon*
cell phone (mobile phone)	**le portable** ◆ *luh portabl*
public telephone	**la cabine téléphonique** ◆ *la cabeen taylayfoneek*
police	**la police** ◆ *la polees*
ambulance	**l'ambulance** ◆ *lonbewlons*
fire appliance	**le camion de pompiers** ◆ *luh camyon duh ponpyay*
air and sea rescue	**le sauvetage héliporté** ◆ *luh sovtazh ayleeportay*
witness	**le témoin** ◆ *luh taymwan*
insurance	**l'assurance** ◆ *lasewrons*

an accident!

There's been

Please come quickly	**Venez vite** ◆ *vunay veet*
Someone is hurt	**Quelqu'un est blessé** ◆ *kelkan eh blesay*
Call an ambulance!	**Appelez une ambulance!** ◆ *apulay ewn onbewlons*
Is there a telephone?	**Y a-t-il un téléphone?** ◆ *eeyateel uh taylayfon*
Don't move him	**Ne le bougez pas** ◆ *nuh luh boozhay pa*
It wasn't our fault	**Ce n'était pas de notre faute** ◆ *suh naytay pa duh notr foht*
He/she saw it happen	**Il/elle a vu ce qui s'est passé** ◆ *eel/el a vew suh kee say passay*

There's been

an accident!

montrez-moi ici SVP … please point here …

Où cela s'est-il passé?	Where did it happen?
Est-ce que quelqu'un l'a vu?	Did anyone see it?
Il faut le signaler à la police	You need to report it
Votre permis de conduire, SVP	Your license, please
Votre attestation d'assurance, SVP	Your insurance, please

⚡TAKE NOTE⚡

It is not compulsory to carry a red triangle in your car, although it may prove useful in case of an accident. If the accident is not serious, both drivers sort it out on the spot. The police should only be called if somebody is injured. Remember to carry your driving licence and insurance policy with you when driving.

an accident!

 # There's been

trunk (boot)
le coffre ◇ *luh cofr*

taillight
le feu arrière
◇ *luh fuh aryair*

roof
le toit ◇ *luh twa*

exhaust
le pot d'échappement
◇ *luh po dayshapmon*

tire (tyre)
le pneu ◇ *luh pnuh*

There's been

an accident!

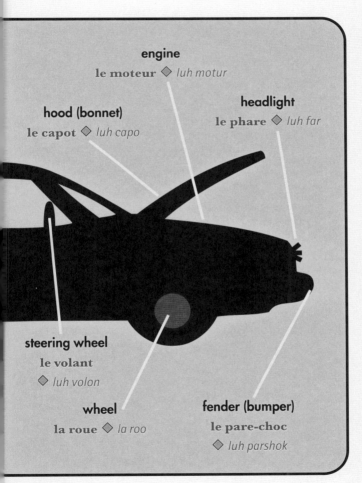

engine
le moteur ◇ *luh motur*

hood (bonnet)
le capot ◇ *luh capo*

headlight
le phare ◇ *luh far*

steering wheel
le volant
◇ *luh volon*

wheel
la roue ◇ *la roo*

fender (bumper)
le pare-choc
◇ *luh parshok*

an accident!

 # There's been

The hood is dented	Le capot est cabossé ◆ *luh capo eh cabosay*
The exhaust pipe fell off	le pot d'échappement est tombé ◆ *luh po dayshapmon eh tonbay*
We have a flat (tire)	Nous avons une crevaison ◆ *noo zavon ewn kruvayzong*
The engine won't start	Le moteur ne veut pas démarrer ◆ *luh motur nuh vuh pa daymaray*
There's a hole in the boat	Il y a un trou dans le bateau ◆ *eelya uh troo don luh bato*
There's something wrong with this	Il y a quelque chose qui ne va pas ici ◆ *eelya kelkushohz kee nuh va pa eesee*
Can you repair it?	Pouvez-vous le réparer? ◆ *poovayvoo luh rayparay*

There's been

an accident!

How long will it take?	**Combien de temps faudra-t-il?** ◆ *conbyan duh ton fodrateel*
How much will it cost?	**Ça coûtera combien?** ◆ *sa cootrah conbyan*

please point here … montrez-moi ici SVP …

Je peux la réparer	I can repair it
Elle sera prête aujourd'hui	It will be ready today
Elle sera prête demain	It will be ready tomorrow
Je dois commander la pièce	I have to order the part
On ne peut pas la réparer	It can't be repaired
Ça coûtera…	It will cost…

an accident!

Money

KEY WORDS

account	**le compte**	◆ *luh cont*
ATM (cash machine)	**le distributeur automatique**	◆ *luh deestreebewtur otomateek*
bank	**la banque**	◆ *la bonk*
bill (note)	**la note**	◆ *la not*
cash	**le liquide**	◆ *luh leekeed*
check (cheque)	**le chèque**	◆ *luh shek*
coin	**la pièce**	◆ *la pyehs*
commission	**la commission**	◆ *la comeesyon*
credit card	**la carte de crédit**	◆ *la cart duh craydee*
currency exchange	**le bureau de change**	◆ *luh bewro duh shonzh*

Money

talk

exchange rate	**le taux de change** ◆ *luh toe duh shonzh*
form	**le formulaire** ◆ *luh formewlair*
ID	**la pièce d'identité** ◆ *la pyehs deedonteetay*
money	**l'argent** ◆ *larzhon*
pin number	**le code secret** ◆ *luh cod suhcray*
signature	**la signature** ◆ *la seenyatewr*
small change	**la petite monnaie** ◆ *la puteet monnay*
teller (cashier)	**le caissier** ◆ *luh kaysyay*
transfer	**le virement** ◆ *luh veermon*
traveler's check (traveller's cheque)	**le chèque de voyage** ◆ *luh shek duh vwayazh*
withdrawal	**le retrait** ◆ *luh ruhtray*

talk

Money

⚡TAKE NOTE⚡

France is part of the Euro zone (*un euro* (€) = 100 *cents*, often referred to as *centimes*, the old divisions of the *franc*). Banks generally close at 4PM, and are closed on Saturdays. Cash machines are easy to find, especially in towns.

Please change this into…	**Pouvez-vous changer ceci en… SVP** ◆ *poovay voo shonzhay suhsee on… seelvoo pleh*
What's the exchange rate?	**Quel est le taux de change?** ◆ *kelay luh toe duh shonzh*
I've forgotten my pin number	**J'ai oublié mon code secret** ◆ *zhay oobleeyay mon cod suhcray*
The ATM won't accept my card	**Le distributeur ne veut pas accepter ma carte** ◆ *luh deestreebewtur nuh vuh pa axeptay ma cart*

talk

The ATM has eaten my card	**Le distributeur a avalé ma carte** ◇ *luh deestree-bewtur a avalay ma cart*
I need to make a transfer	**Je voudrais faire un virement** ◇ *zhuh voodray fair uh veermon*

please point here ... montrez-moi ici SVP

Montrez-moi votre passeport	Show me your passport
Quel est votre numéro de compte?	What's your account number?
Allez au guichet	Go to the cashier
Ce n'est pas le même nom	This isn't the same name
Ce n'est pas la même signature	This isn't the same signature

talk

Money

SETTLING UP

check (bill)	l'addition ◆ *ladeesyon*
service charge	le service ◆ *luh servees*
sales tax (VAT)	la TVA ◆ *la tay-vay-ah*
cover charge	le couvert ◆ *luh coovehr*
tip	le pourboire ◆ *luh poorbwar*
receipt	le reçu ◆ *luh rusew*
How much is this?	C'est combien? ◆ *say conbian*
Is service included?	Est-ce que le service est compris? ◆ *esskuh luh servees eh conpree*

talk

Is tax included?   **La TVA est comprise?**
◆ *la tay-vay-ah eh conpreez*

A receipt, please   **Un reçu, SVP**
◆ *uh rusew seelvoo pleh*

⚡TAKE NOTE⚡

In restaurants service is normally included unless specifically stated as excluded on the menu. Sales tax is also included.

When service is included you do not have to leave a tip unless you are particularly pleased with the service. If you leave a tip, it is generally around 10% or rounded up to the nearest whole figure.

In shops the price tag always includes sales tax, so no extra charge should be added at the till.

talk

Money

What's this amount for?	**À quoi correspond cette somme?** ◆ *akwa corespon set som*
The total isn't right	**Le total est incorrect** ◆ *luh totahl eh tancorekt*
That's too expensive	**C'est trop cher** ◆ *seh tro share*
I want to exchange this	**Je voudrais échanger ceci** ◆ *zhuh voodray ayshonzhay suhsee*
I want a refund	**Je voudrais être remboursé** ◆ *zhuh voodray etr ronboorsay*
I want to see the manager	**Je veux voir le directeur** ◆ *zhuh vuh vwar luh deerektur*
I don't have another card	**Je n'ai pas d'autre carte** ◆ *zhuh nay pa dotr cart*

talk

I've forgotten my wallet

J'ai oublié mon portefeuille
◆ *zhay oobleeyay mon portuhfuy*

---

please point here … montrez-moi ici SVP …

Nous n'acceptons pas les cartes de crédit	We don't accept credit cards
Nous n'acceptons pas cette carte	We don't accept that card
Allez à la caisse	Go to the cashier
Je vais vous donner une facture détaillée	I'll give you an itemised invoice

➤ *Page 16–17 for hotel/accommodation*

➤ *Page 16–17 pour l'hôtel/le logement*

talk

I'm allergic

KEY WORDS

allergy	**l'allergie** ◆ *lalehrzhee*
calories	**les calories** ◆ *lay kaloree*
diabetic	**diabétique** ◆ *dyabayteek*
diet	**le régime** ◆ *luh rayzheem*
fat	**le gras** ◆ *luh gra*
food poisoning	**l'intoxication alimentaire** ◆ *langtoxeekasyon aleemontair*
halal	**halal** ◆ *alal*
ingredients	**les ingrédients** ◆ *lay zangraydyon*
intolerance	**l'intolérance** ◆ *lantolayrons*
kosher	**casher** ◆ *kasher*
salt	**le sel** ◆ *luh sell*

to seafood!

sugar	**le sucre**	◆ *luh sewkr*
vegan	**végétalien**	◆ *vayzhaytalian*
vegetarian	**végétarien**	◆ *vayzhaytarian*

⚡TAKE NOTE⚡

Most restaurants do not serve lunch before half past twelve or dinner before half past seven.

Prices vary greatly but most restaurants offer a three-course menu of the day (*menu du jour*) that represents excellent value. If you just want to have a quick and inexpensive lunch, the *Routiers* restaurants also offer good value for money.

In the countryside, roadside inns are often good places to stop at for a meal and even the village café may prove interesting if you want to experience the atmosphere with the locals.

to seafood!

I'm allergic

I'm allergic to…	**Je suis allergique à…** ◆ *zhuh swee zalerzheek a…*
I don't eat…	**Je ne mange pas de…** ◆ *zhuh nuh monzh pa duh…*
I don't like…	**Je n'aime pas…** ◆ *zhuh nem pa…*

➡ *Page 54–57 for types of food*

I'm vegetarian	**Je suis végétarien** ◆ *zhuh swee vayzhaytarian*
I'm diabetic	**Je suis diabétique** ◆ *zhuh swee dyabayteek*
Does this contain peanuts?	**Est-ce qu'il y a des cacahuètes dedans?** ◆ *eskeeleeya day kakawet duhdon*
Does this contain wheat?	**Est-ce que ceci contient du blé?** ◆ *esskuh suhsee contian dew blay*

I'm allergic

to seafood!

What meat is this?	**C'est quelle viande?** ◆ *say kel vyond*
Are you sure?	**En êtes-vous sûr?** ◆ *on net voo sewr*
Can we check with the chef?	**Pouvons-nous demander au cuisinier?** ◆ *poovon noo dumonday oh kweezeenyay*

please point here ... montrez-moi ici SVP ...

Nous pouvons le faire sans cet ingrédient	We can make it without that ingedient
Pourquoi n'essayez-vous pas ce plat?	Why don't you try this dish?
Je vais demander au cuisinier	Let me ask the chef
Je regrette, nous n'avons rien qui puisse vous convenir	I'm sorry, we don't have anything suitable

to seafood!

I'm allergic

FOOD FINDER

apple	**la pomme** ◆	*la pom*
banana	**la banane** ◆	*la banan*
beef	**le bœuf** ◆	*luh buhf*
cabbage	**le chou** ◆	*luh shoo*
carrot	**la carotte** ◆	*la carot*
chicken	**le poulet** ◆	*luh poolay*
chili	**le piment** ◆	*luh peemon*
corn	**le maïs** ◆	*luh ma-eess*
cucumber	**le concombre** ◆	*luh conconbr*
duck	**le canard** ◆	*luh canar*
fish	**le poisson** ◆	*luh pwasson*
garlic	**l'aïl** ◆	*lahy*
ginger	**le gingembre** ◆	*luh zhanzhonbr*
goat	**la chèvre** ◆	*la shehvr*
kidney	**le rognon** ◆	*luh ronyon*
lamb	**l'agneau** ◆	*lanyo*
lemon	**le citron** ◆	*luh seetron*
liver	**le foie** ◆	*luh fwa*

I'm allergic

to seafood!

English–French

mushrooms	**les champignons** ◆ *lay shonpeenyon*
nuts	**les noix** ◆ *lay nwa*
offal	**les abats** ◆ *lay zaba*
onion	**l'oignon** ◆ *lonyon*
orange	**l'orange** ◆ *loronzh*
peanuts	**les cacahuètes** ◆ *lay kakawet*
pork	**le porc** ◆ *luh por*
potato	**la pomme de terre** ◆ *la pom duh tair*
rabbit	**le lapin** ◆ *luh lapan*
shellfish	**les coquillages** ◆ *lay cokeeyazh*
shrimp	**les crevettes** ◆ *lay cruvet*
soybeans	**les pousses de soja** ◆ *lay pooss duh sozha*
strawberries	**les fraises** ◆ *lay fraiz*
tomato	**la tomate** ◆ *la tomat*
veal	**le veau** ◆ *luh vo*
venison	**le gibier** ◆ *luh zheebyay*

to seafood!

I'm allergic

FOOD FINDER

abats	offal
agneau	lamb
aïl	garlic
banane	banana
bœuf	beef
cacahuètes	peanuts
canard	duck
carotte	carrot
champignons	mushrooms
chèvre	goat
chou	cabbage
citron	lemon
concombre	cucumber
coquillages	shellfish
crevettes	shrimp
foie	liver
fraises	strawberries

I'm allergic

to seafood!

French–English

gibier	venison
gingembre	ginger
lapin	rabbit
maïs	corn
noix	nuts
oignon	onion
orange	orange
piment	chili
poisson	fish
pomme	apple
pomme de terre	potato
porc	pork
poulet	chicken
pousses de soja	soybeans
rognon	kidney
tomate	tomato
veau	veal

to seafood!

Stop,

KEY WORDS

I've been robbed!	**J'ai été volé!** ◆ *zhay aytay volay*
thief	**le voleur** ◆ *luh volur*
police	**la police** ◆ *la poleess*
police station	**le commissariat** ◆ *luh comeessaryah*
report	**la déclaration** ◆ *la declarassyon*
form	**le formulaire** ◆ *luh formewlair*
insurance	**l'assurance** ◆ *lassewrons*
bag	**le sac** ◆ *luh sak*
bracelet	**le bracelet** ◆ *luh braslay*
briefcase	**le porte-documents** ◆ *luh portdokewmon*

Stop,

thief!

camera	**l'appareil photo** ◆ *laparehy foto*
car	**la voiture** ◆ *la vwatewr*
cell phone (mobile phone)	**le portable** ◆ *luh portabl*
computer	**l'ordinateur** ◆ *lordeenatur*
credit card	**la carte de crédit** ◆ *la cart duh craydee*
earrings	**les boucles d'oreilles** ◆ *lay boocl dorehy*
money	**l'argent** ◆ *larzhon*
necklace	**le collier** ◆ *luh colyay*
passport	**le passeport** ◆ *luh paspor*
wallet	**le portefeuille** ◆ *luh portuhfuy*
watch	**la montre** ◆ *la mawntr*

thief!

Stop,

I want to report a theft	**Je voudrais signaler un vol** ◆ *zhuh voodray seenyalay uh vol*
I've lost…	**J'ai perdu…** ◆ *zhay perdew*
I was mugged	**J'ai été agressé** ◆ *zhay aytay agresay*
It was taken from my bag	**On l'a volé dans mon sac** ◆ *on la volay don mon sak*
It was taken from my pocket	**On l'a volé dans ma poche** ◆ *on la volay don ma posh*
It was taken from my hotel room	**On l'a volé dans ma chambre d'hôtel** ◆ *on la volay don ma shonbr dotell*
It happened today	**Cela s'est produit aujourd'hui** ◆ *suhla say prodwee ozhoordwee*

Stop,

thief!

It happened yesterday	**Cela s'est produit hier** ◆ *suhla say prodwee eeyair*
I need a report for my insurance	**Il me faut un rapport pour mon assurance** ◆ *eel muh foe uh rapor poor mon nasewrons*

> ### ⚡TAKE NOTE⚡
>
> While you are unlikely to be a victim of theft in France or other French-speaking countries, it is as well to stick to a few basic guidelines.
>
> Avoid carrying too much money and be particularly vigilant when withdrawing money from an ATM. Watch out for pickpockets in crowded places, especially the *métro* (subway).
>
> Jewelry and valuables should not be left in your hotel room in your absence but should be deposited in the hotel safe.
>
> Many restaurants have a cloakroom, or coatcheck. Don't leave money or credit cards in the pockets of the clothes you may leave there while you are eating.
>
> Should a theft occur, it should be reported at the nearest police station. Most hotel staff will be happy to help you report a theft if you are unsure what to do.

Stop,

DESCRIBING ITEMS

new	**neuf**	◆ *nuf*
old	**vieux**	◆ *vyu*
big	**grand**	◆ *gron*
small	**petit**	◆ *putee*
black	**noir**	◆ *nwar*
blue	**bleu**	◆ *blu*
brown	**marron**	◆ *maron*
green	**vert**	◆ *vair*
orange	**orange**	◆ *oronzh*
pink	**rose**	◆ *roz*
purple	**violet**	◆ *vyoleh*
red	**rouge**	◆ *roozh*
white	**blanc**	◆ *blon*
yellow	**jaune**	◆ *zhawn*

Stop,

thief!

silver	**argenté** ◆ *arzhontay*
gold	**doré** ◆ *doray*
leather	**en cuir** ◆ *on kweer*
valuable	**de valeur** ◆ *duh valur*

---

please point here ... montrez-moi ici SVP ...

Qu'est-ce qui a disparu?	What's missing?
De quelle couleur était-il/elle?	What color was it?
Cela valait combien?	How much was it worth?
Était-il/elle marqué(e) à votre nom?	Did it have your name on it?

montrez-moi ici SVP ... please point here ...

thief!

DESCRIBING PEOPLE

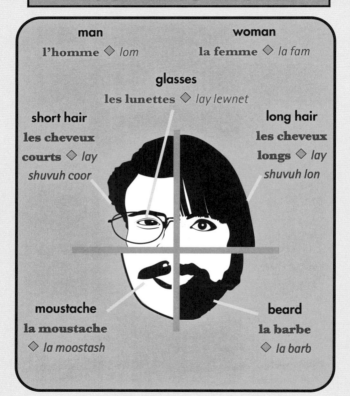

man l'homme ◇ *lom*	**woman** la femme ◇ *la fam*
glasses les lunettes ◇ *lay lewnet*	
short hair les cheveux courts ◇ *lay shuvuh coor*	**long hair** les cheveux longs ◇ *lay shuvuh lon*
moustache la moustache ◇ *la moostash*	**beard** la barbe ◇ *la barb*

about … years old   d'environ… ans
◇ *donveeron… on*

thief!

tall	**grand** ◆ *gron*
short	**petit** ◆ *putee*
fat	**gros** ◆ *gro*
thin	**maigre** ◆ *megr*
old	**vieux** ◆ *vyuh*
young	**jeune** ◆ *zhun*

please point here ... montrez-moi ici SVP ...

Remplissez ce formulaire, SVP	Please fill out this form
Signez ici	Sign here
Nous allons nous en occuper	We'll look into it
Nous avons trouvé l'objet	We've found the item
Je vais trouver quelqu'un qui parle anglais	I'll find someone who speaks English

thief!

Keeping out

KEY WORDS

arrest	**l'arrestation** ◆ *larestasyon*
attorney (lawyer)	**l'avocat** ◆ *lavoka*
bail	**la caution** ◆ *la cosyon*
charge	**l'inculpation** ◆ *lonkewlpasyon*
consulate	**le consulat** ◆ *luh consewla*
court	**le tribunal** ◆ *luh treebewnal*
defense	**la défense** ◆ *la dayfons*
deportation	**l'expulsion** ◆ *lexpewlsyon*
embassy	**l'ambassade** ◆ *lonbassad*
fine	**l'amende** ◆ *lamond*

# of trouble

interpreter	**l'interprète** ◆ *lantairpret*
judge	**le juge** ◆ *luh zhewzh*
law	**la loi** ◆ *la lwa*
police	**la police** ◆ *la poleess*
police officer	**le policier** ◆ *luh poleesyay*
police station	**le commissariat** ◆ *luh comeessaryah*
prison	**la prison** ◆ *la preezon*
prosecution	**l'accusation** ◆ *lakewzasyon*
statement	**la déposition** ◆ *la daypozeesyon*
suspect	**le suspect** ◆ *luh sewspeh*
warning	**l'avertissement** ◆ *lavairteessmon*

# of trouble

Keeping out

⚡TAKE NOTE⚡

When you are outside your hotel you should always have your passport with you, since French law requires you to carry proof of identity.

If you are asked to show proof of identity and do not have any on you, you may be fined or even have to go to the police station.

I apologise	**Je vous prie de m'excuser** ◆ *zhuh voo pree duh mexkewzay*
I'm just visiting	**Je suis ici seulement en visite** ◆ *zhuh sweez eesee sulmon on veezeet*
It wasn't me	**Ce n'était pas moi** ◆ *suh naytay pa mwa*
I don't understand	**Je ne comprends pas** ◆ *zhuh nuh conpron pa*
I can't read the sign	**Je ne sais pas lire le panneau** ◆ *zhuh nuh say pa leer luh pano*

Keeping out

of trouble

I didn't know it wasn't allowed	**Je ne savais pas que c'était interdit** ◆ *zhuh nuh savay pa kuh saytay tantairdee*
Am I under arrest?	**Suis-je en état d'arrestation?** ◆ *sweezh on nayta darestasyon*

please point here ... montrez-moi ici SVP ...

C'est illégal	That's illegal
Je vais simplement vous donner un avertissement	I'll just warn you this time
Vous devrez payer une amende	You have to pay a fine
Montrez-moi votre passeport, SVP	Please show me your passport
Vous devez venir au commissariat	You need to come to the station

Keeping out

Can I call the American embassy?	**Puis-je téléphoner à l'ambassade américaine?** ◆ *pweezh taylayfonay a lonbassad amayreekenn*
Can I call the British embassy?	**Puis-je téléphoner à l'ambassade britannique?** ◆ *pweezh taylayfonay a lonbassad breetaneek*
Can I call the Canadian consulate?	**Puis-je téléphoner au consulat canadien?** ◆ *pweezh taylayfonay oh consewla canadyan*
I need an English-speaking lawyer	**Il me faut un avocat qui parle anglais** ◆ *eel muh foe uh navoka kee parl onglay*
I need to contact my family	**Je dois contacter ma famille** ◆ *zhuh dwa contaktay ma fameey*

Keeping out

of trouble

I don't know anything about it	Je n'en sais rien ◆ *zhuh non say ryan*
I can't say anything yet	Je ne peux encore rien dire ◆ *zhuh nuh puh onkor ryan deer*

please point here … montrez-moi ici SVP …

Voulez-vous faire une déposition?	Do you want to make a statement?
Voulez-vous téléphoner à quelqu'un?	Do you want to make a phone call?
Voici vos droits	These are your rights
J'amène un interprète	I'm bringing an interpreter
Votre famille est ici	Your family is here

Keeping out

⚡TAKE NOTE⚡

Keeping out of trouble with the law is generally only a matter of common sense. What is illegal at home is probably also illegal on vacation!

However, the rules in France concerning drinking and driving are particularly strict. If the driver is over the limit and found responsible for an accident in which people are severely injured or killed, he or she is likely to be imprisoned even before any trial. Reckless driving or excessive speeding will also automatically result in a very severe fine and a breathalyser test.

What are you charging me with?	**De quoi m'inculpez-vous?** ◆ *duh kwa mankewlpay voo*
How much is the fine?	**À combien s'élève l'amende?** ◆ *a congbian saylev lamond*
Can I post bail?	**Je peux être relâché sous caution?** ◆ *zhuh puh etr rulashay soo cosyon*

# of trouble

Will I have to go to court?	**Est-ce qu'il faudra que j'aille au tribunal?** ◆ *esskeel fodra kuh zhahy oh treebewnal*
How long do I have to stay here?	**Combien de temps dois-je rester ici?** ◆ *conbian duh ton dwazh restay eesee*

please point here ... montrez-moi ici SVP ...

Nous n'allons pas engager de poursuites	We won't be charging you
Vous êtes libre	You're free to go
Il faudra revenir	You need to come back
Laissez votre passeport, SVP	Please leave your passport
Il faudra répondre à quelques questions	You'll need to answer some questions

NUMBERS

one	**un** ◆ *uh*
two	**deux** ◆ *duh*
three	**trois** ◆ *trwa*
four	**quatre** ◆ *katr*
five	**cinq** ◆ *sank*
six	**six** ◆ *seess*
seven	**sept** ◆ *set*
eight	**huit** ◆ *weet*
nine	**neuf** ◆ *nuhf*
ten	**dix** ◆ *deess*
eleven	**onze** ◆ *onz*
twelve	**douze** ◆ *dooz*
thirteen	**treize** ◆ *trez*
fourteen	**quatorze** ◆ *katorz*
fifteen	**quinze** ◆ *kanz*
sixteen	**seize** ◆ *sez*
seventeen	**dix-sept** ◆ *deesset*
eighteen	**dix-huit** ◆ *deezweet*
nineteen	**dix-neuf** ◆ *deeznuhf*

reference

twenty	**vingt** ◆	*van*
twenty-one	**vingt et un** ◆	*vantay uh*
twenty-two	**vingt-deux** ◆	*van duh*
thirty	**trente** ◆	*tront*
forty	**quarante** ◆	*karont*
fifty	**cinquante** ◆	*sankont*
sixty	**soixante** ◆	*swassont*
seventy	**soixante-dix** ◆	*swassont deess*
eighty	**quatre-vingts** ◆	*katruhvan*
ninety	**quatre-vingt-dix** ◆	*katruhvan deess*
hundred	**cent** ◆	*son*
thousand	**mille** ◆	*meel*

⚡TAKE NOTE⚡

From 70 to 79 the French say *soixante-dix* to *soixante-dix-neuf*. 80 is *quatre-vingts* which means "four twenties", and this pattern continues to *quatre-vingt-dix-neuf* (99).

In French decimal numbers are separated by a comma, e.g. 25,49. A space is used to separate thousands in large numbers, e.g. 123 456 789.

reference

Quick

What's the time?   **Quelle heure est-il?**
◆ *kel ur eteel*

It's two o'clock   **Il est deux heures**
◆ *eelay duhzur*

11:00   **onze heures**
◆ *onzur*

11:15   **onze heures quinze**
◆ *onzur kangz*

14:30   **quatorze heures trente** ◆ *katorzur tront*

14:45   **quatorze heures quarante-cinq**
◆ *katorzur karont sank*

Quick

reference

Monday	**lundi** ◆ *landee*
Tuesday	**mardi** ◆ *mardee*
Wednesday	**mercredi** ◆ *merkrudee*
Thursday	**jeudi** ◆ *zhuhdee*
Friday	**vendredi** ◆ *vondrudee*
Saturday	**samedi** ◆ *samdee*
Sunday	**dimanche** ◆ *deemonsh*
now	**maintenant** ◆ *mantunon*
soon	**bientôt** ◆ *biyanto*
today	**aujourd'hui** ◆ *ohzhoordwee*
yesterday	**hier** ◆ *eeyair*
tomorrow	**demain** ◆ *duhman*

reference

Quick

MONTHS

January	**janvier**	◆ *zhonvyay*
February	**février**	◆ *fayvreeyay*
March	**mars**	◆ *marss*
April	**avril**	◆ *avreel*
May	**mai**	◆ *may*
June	**juin**	◆ *zhwan*
July	**juillet**	◆ *zhweeyay*
August	**août**	◆ *oot*
September	**septembre**	◆ *septonbr*
October	**octobre**	◆ *octobr*
November	**novembre**	◆ *novonbr*
December	**décembre**	◆ *daysonbr*

What's the date? **Quelle est la date?** ◆ *kel ay la dat*

It's June 12 **Nous sommes le 12 juin** ◆ *noo som luh dooz zhwan*

Quick

reference

SIGNS

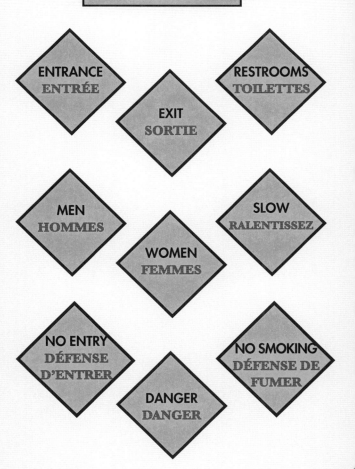

Copyright © 2003 g-and-w publishing

All rights reserved

ISBN 1-903103-13-4

For information, address:
g-and-w publishing
47A High Street
Chinnor
Oxfordshire
OX39 4DJ
www.g-and-w.co.uk

Designed by Upfront Creative, London, UK
www.upfrontcreative.com

Printed in Hong Kong

03 04 05 06 07 08   12 11 10 9 8 7 6 5 4 3 2 1